EXPOSITION

EDGAR CHAHINE

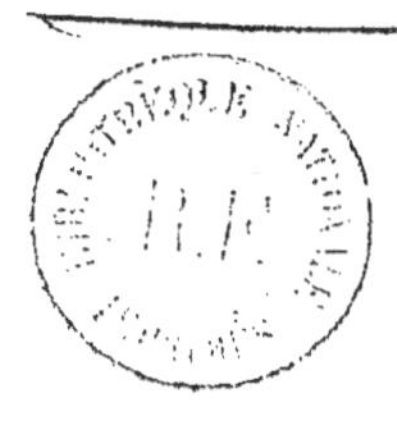

Eaux-Fortes et Pointes Sèches

VENISE

IMPRESSIONS D'ITALIE

Galerie MARCEL GUIOT, 4, Rue Volney, PARIS (2e)

1925

GALERIE MARCEL GUIOT

4, RUE VOLNEY, 4 — PARIS

EXPOSITION

EDGAR
CHAHINE

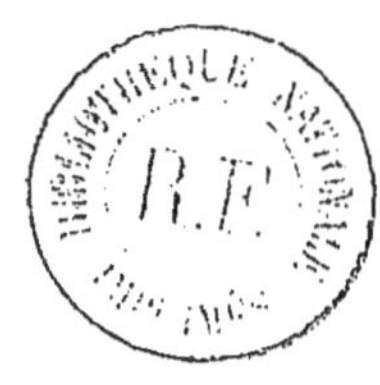

Eaux-Fortes et Pointes Sèches

VENISE

IMPRESSIONS D'ITALIE

Préface

de CAMILLE MAUCLAIR

Du 4 au 20 Juin 1925

(Dimanches exceptés)

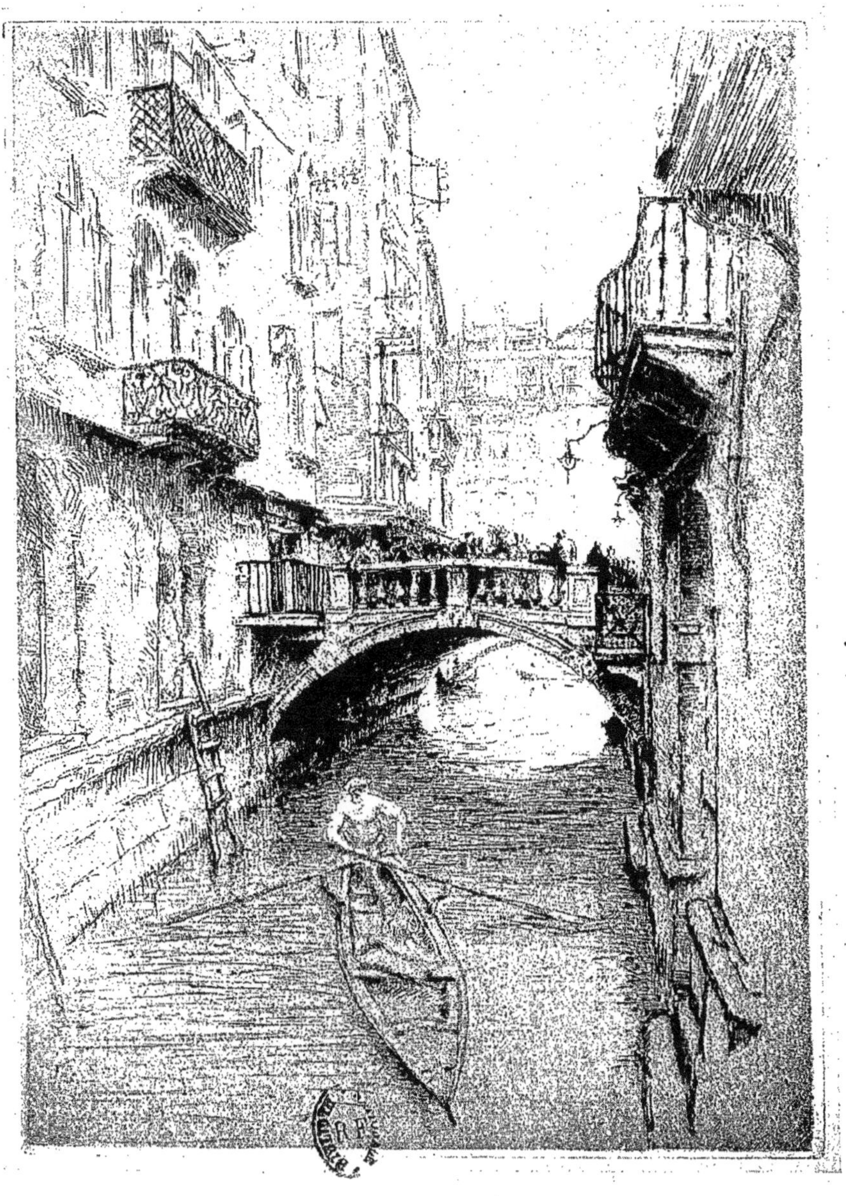

N° 3

Ponte dei Baretteri

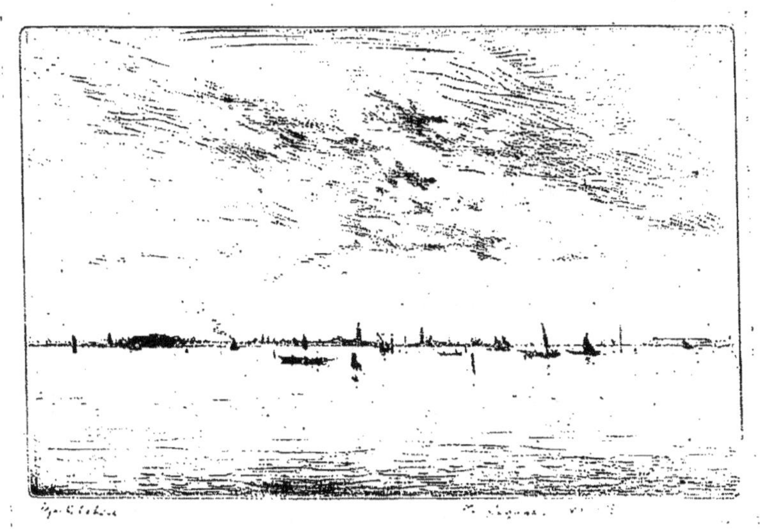

Edgar CHAHINE

Il y a bien des années que j'ai appris d'admirer l'art d'Edgar Chahine et à retenir son nom par quelques portraits gravés, dont l'un, inoubliablement expressif, celui de la pauvre actrice Louise France, et une émouvante figure de chemineau ; il n'en fallait pas plus pour certifier la maîtrise d'un artiste destiné à devenir l'un des plus savants et des plus puissants techniciens de l'eau-forte contemporaine, de ceux dont l'œuvre jalousement conservée dans des collections privilégiées ou de précieux livres survivra à tant de peintures académiques ou révolutionnaires également surfaites et inviables pour attester ce que, pour se relier dignement à la chaîne éternelle, l'art de notre temps aura réellement accompli. Chahine, depuis ces débuts, n'a cessé d'acquérir plus de droits à l'estime de ceux qui savent et qui aiment avec clairvoyance. Il a honoré « l'art en silence », le seul qui compte, et aujourd'hui il est honoré à son tour. Il a délaissé la peinture pour la gravure. Il a été un descripteur tout ensemble minutieux et large des bas-fonds, de la vie plébéienne, des lieux de plaisir, des joies foraines. Il a illustré quelques volumes où il a joint à la passion des jeux de la lumière et de l'ombre le génie d'une observation sagace, apitoyée et tragique, experte dans la parfaite liaison des figures à l'ambiance et du sentiment à la forme. Présentement, il ne m'appartiendra de parler que de ses visions italiennes et vénitiennes. Edgar Chahine en montre ici une partie. Il expose peu ou point d'ensemble : une manifestation comme celle-ci n'en a que plus de prix. Elle eût été dix fois plus abondante sans une modestie dont je serai le dernier à faire le reproche au maître.

Les spécialistes de l'eau-forte et de la pointe sèche, dont l'élite initiée tire de la connaissance de certains secrets des joies ignorées du public profane, trouveront en cette série de justes raisons d'admirer. Mais il suffira à tout être sensible d'un regard jeté sur ces planches pour s'émerveiller de la façon calme, naturelle et apparemment si aisée dont, avec quelques traits, Chahine restitue la magie des horizons limpides, suggère la densité de l'eau, enduit les pierres vénérables de la liqueur d'ambre et d'or du soleil latin, fait palpiter les ombres et bouger les reflets, aide à imaginer la couleur, et convoque dans l'indolente passivité des ruines l'âme auguste et indéfectible du passé. Il y a là une qualité d'observation brillante et corrosive comme les outils eux-mêmes de l'alchimiste évocateur. Quiconque a pénétré en Italie, non avec une banale curiosité mais avec le respect des grandes choses, ne saura voir ces images sans éprouver au tréfonds de soi-même cette émotion qui est presque celle d'un cœur d'amant, et qui naît au seul prononcé des noms de San Gimignano, de Pise, de Sienne, de Pérouse et d'Assise. En Toscane, en Ombrie, Chahine a noté ce que tant d'artistes avaient délaissé au profit des aspects ou des architectures trop célèbres : son goût de la vie intérieure lui a fait chérir ces coins déshérités où la fleur de l'histoire n'est plus qu'un myosotis ou une asphodèle, un symbole de souvenir dans la mort. Que la beauté désertée a de grâce triste quand un tel homme nous la représente ! Mais qu'on permette à un poète épris de la suave gravité franciscaine de le remercier spécialement d'avoir évoqué avec une discrétion exquise la cité du Poverello et de Sainte-Claire en des eaux-fortes dont l'une entre autres, Saint-Rufin, mère vénérable d'Assise, est un chef-d'œuvre; et de le remercier aussi, se divertissant à oser « croquer » d'après un maître de la fresque, d'être allé droit à l'immense Signorelli.

A Venise, Chahine a tenu la gageure d'être original, après mille graveurs et Whistler qui les éclipsa tous. Là, comme dans le reste de l'Italie, il a montré sa faculté d'élire des aspects non remarqués, de révéler le pathétique latent d'une voûte sordide, d'un arceau délabré rehaussant sa gueuserie d'un vestige de sculpture et d'une touche de soleil, d'un pilier ouvrageant son spectre dans l'eau lourde, d'une porte gorgée de ténèbres moites où l'on imagine un redoutable inconnu de volupté ou de meurtre ; et son hérédité de chrétien d'Orient a parlé en Chahine, elle lui a fait comprendre et goûter tout ce qu'il y a d'extra-italien et d'extra-européen dans cette Venise vassale et usurpatrice de Byzance, où il faut oublier le génie spécifiquement latin. Mais la race a passionné l'artiste habitué à définir la plèbe parisienne. Il a laissé la Venise de luxe aux esthètes et aux cosmopolites, il a regardé, il a aimé la Venise pauvre, la vraie, et les femmes qui vivent dans cette pauvreté. Il a été ému par leur grande fierté sous le châle noir, cette fierté qui vaut celle de l'Espagne sous la mantille ; il a marqué puissamment ces types vénètes de la lagune où persiste le sang illyrien de Raguse après dix siècles ; il les a revêtus d'une dignité exténuée que seul un grand caractériste pouvait ainsi exprimer... Mais à quoi bon tenter de dire avec des mots ternes et successifs ce que le prestige de quelques traits incisant le cuivre imposera si clairement aux regards ? On voit la lumière et l'air, et l'eau étale où le ciel renversé ouvre de doux abîmes, on voit les pierres qu'aima Ruskin, et les haillons sur les marbres, et les antres du travail et de la luxure, et les ouvrières pâles dans le soleil, et cette mendiante qui défaille, et ces enfants qui jouent, et on entend ce dialecte vénitien qui susurre comme l'eau elle-même, et c'est la vie restituée. Mais il y fallait cette âme apte à tout comprendre, et ce regard auquel rien n'échappe, et cette main qui peut tout.

Camille MAUCLAIR.

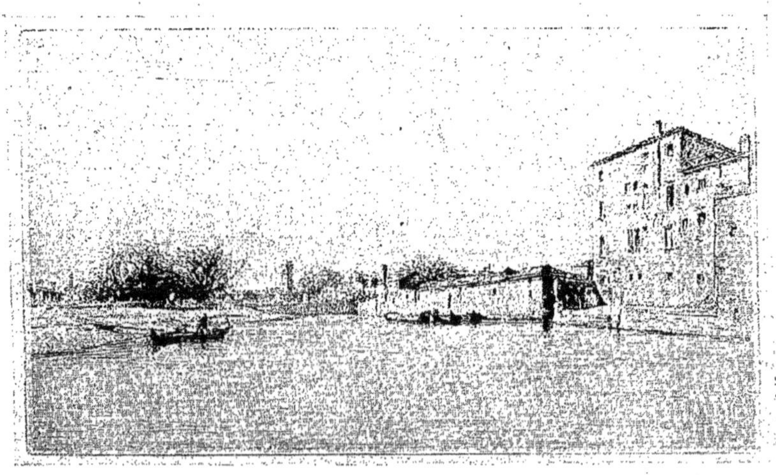

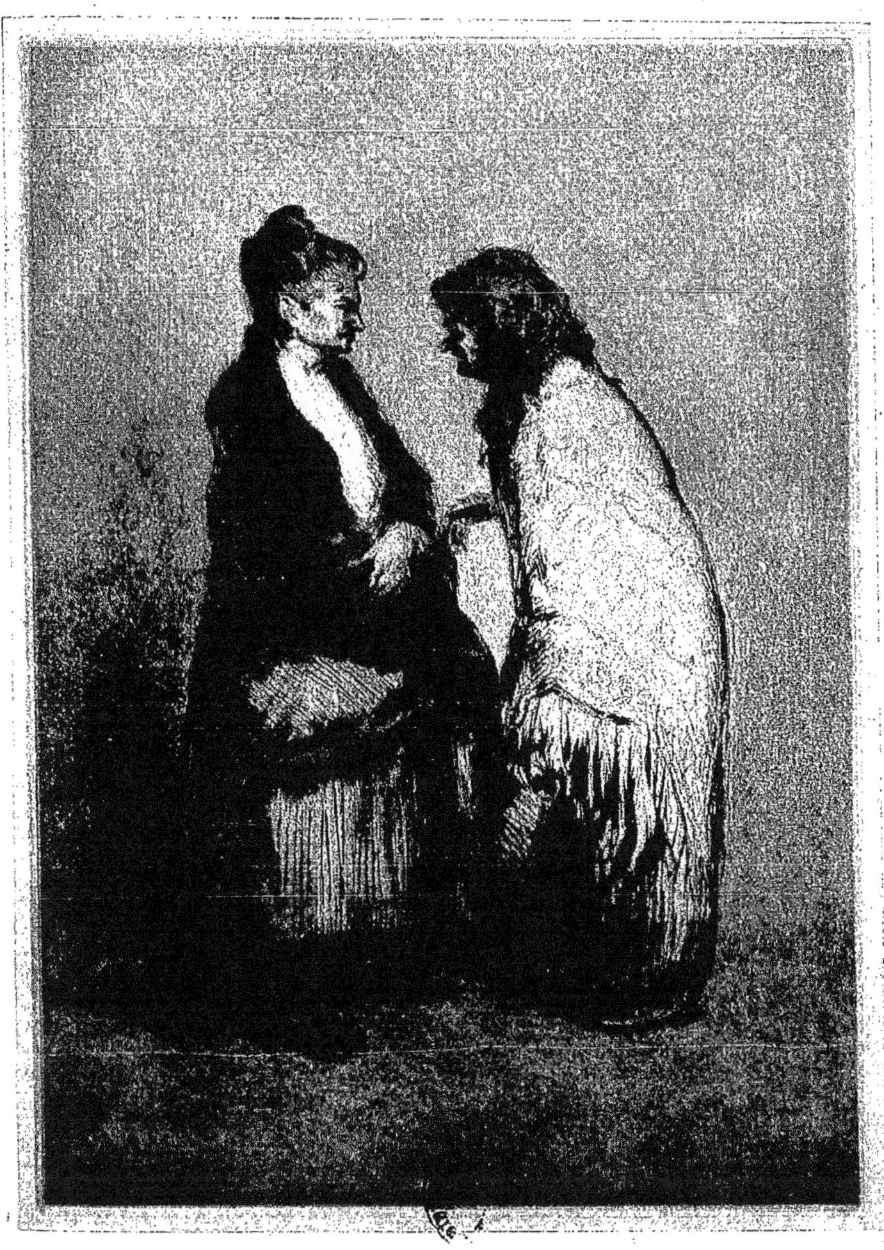

N° 14

Ciacolone

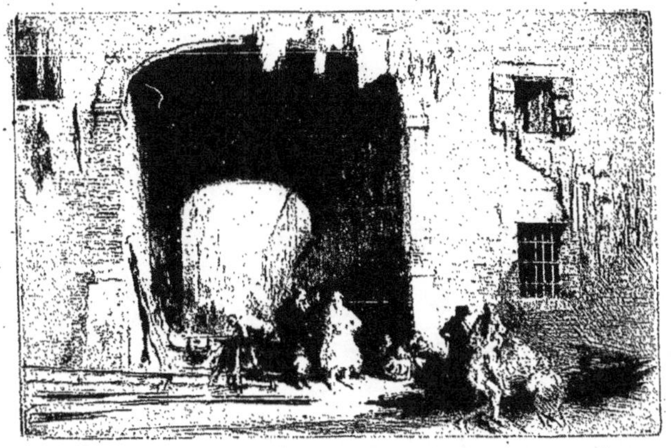

CATALOGUE

VENISE

1. Corte Bottera.

2. Sottoportico Molin.

3. Ponte dei Baretteri.

4. Riva degli Schiavoni.

5. Simpaticona.

6. La Laguna.

7. Nina.

8. Rio San Giuliano.

9. Casa dei Muori.

10. Ponte del Battello.

11. La Piazza *(état)*.

12. Strssone.

13. Palazzo Clari.

14. Ciacolone.

15. Canal San Pietro.

16. Campo Santa Margherita.

17. Rio della Pergola *(état)*.

18. Antonio Veccelio Tiziano.

19. El bel Naso Armeno.

20. Nonna.

21. Ponte delle Guglie.

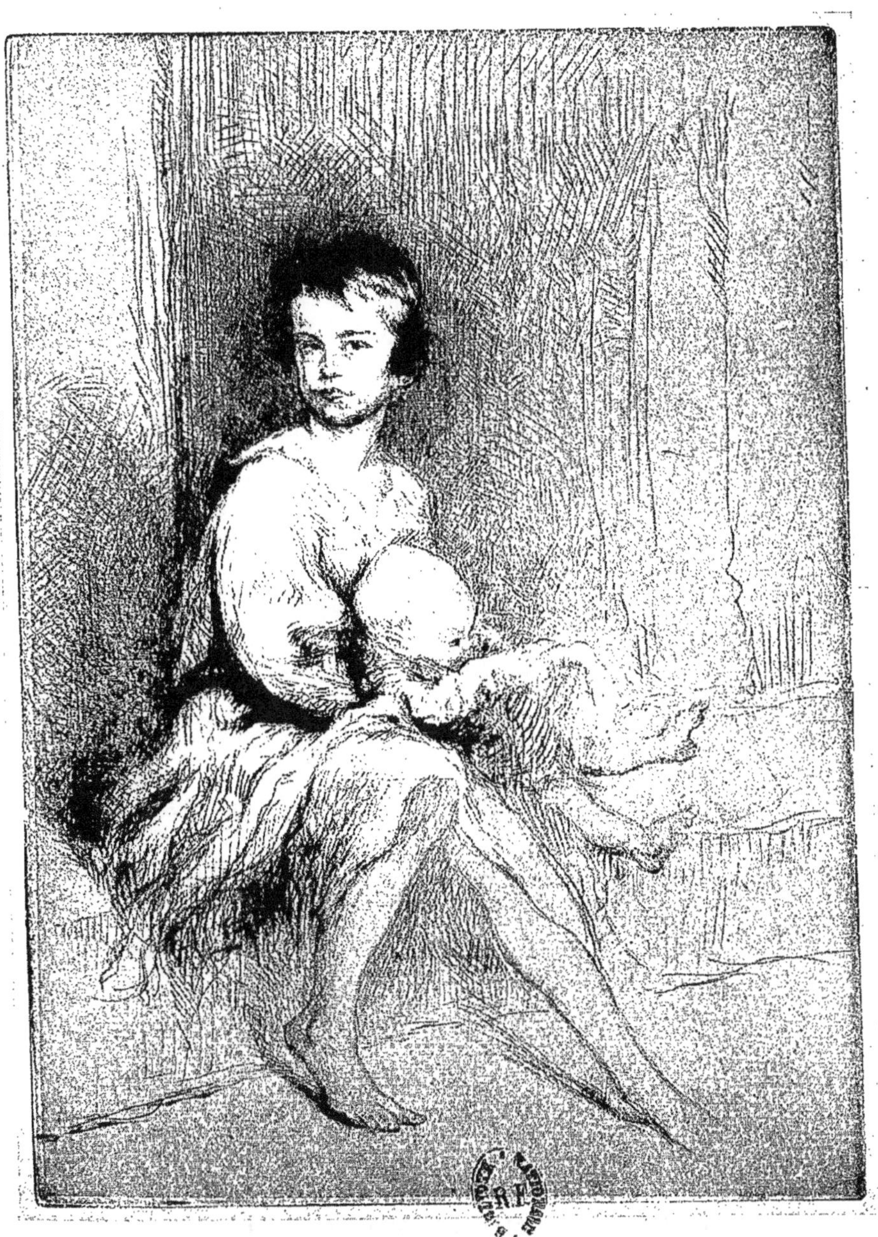

N° 22

La bella Bambina

22. La bella Bambina.

23. Corte Colonne.

24. La Sœur aînée.

25. Casin dei Spiriti.

26. Groupe de “Sial”.

27. Squero.

28. Francesconi.

IMPRESSIONS D'ITALIE

PÉROUSE

29. Fantaisie d'après Fiorenzo di Lorenzo.

30. Sur une hauteur en vue de Pérouse.

31. Fantaisie d'après Fiorenzo di Lorenzo.

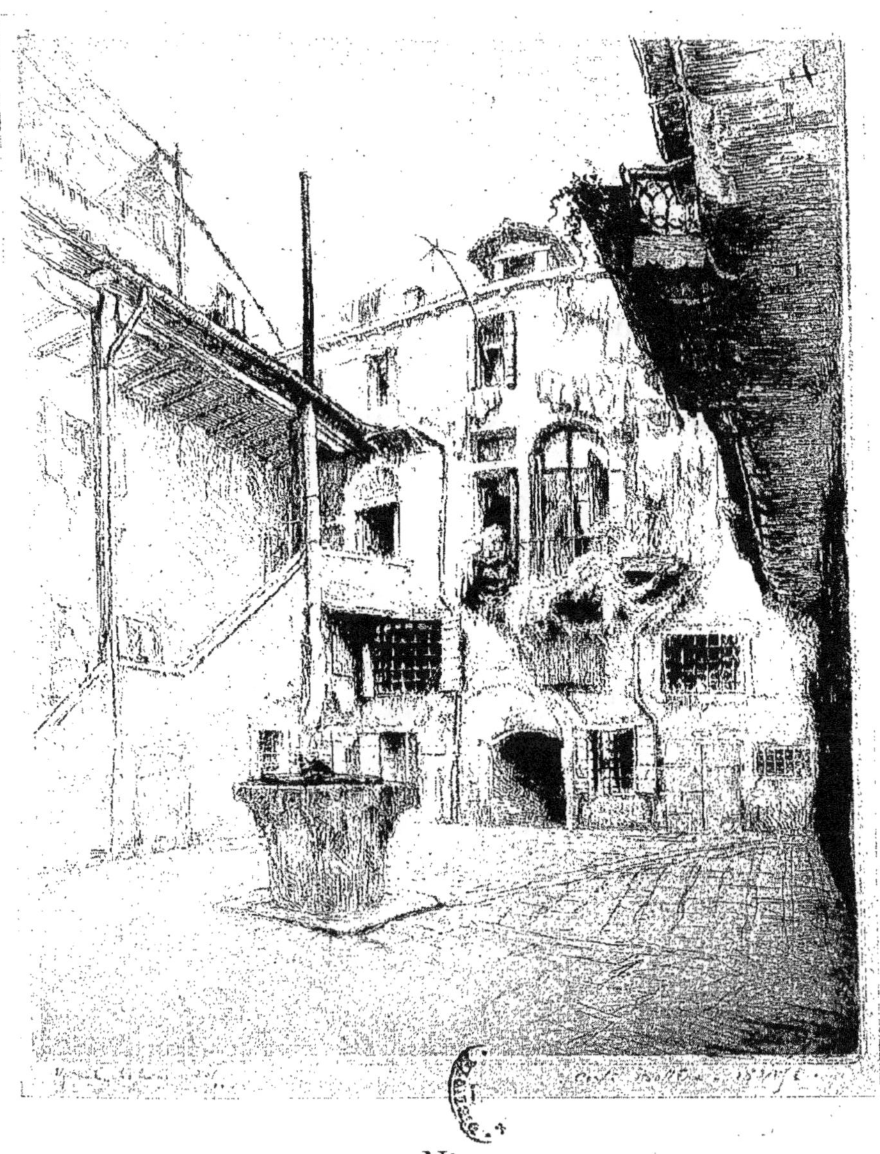

N° 1

Corte Bottera

MONTE OLIVETO MAGGIORE

32. Le Couvent, vue sur Chiussuri.

33. Don Pio.

34. Terrains crayeux; vue sur Poggi le Monache.

35. Une Porte du Couvent.

36. Terrains cultivés.

37. Les Trembles.

38. La Vallée fertile.

39. Fantaisie d'après Luca Signorelli.

40. Fantaisie d'après Luca Signorelli.

41. Les Trembles.

42. Les Oliviers.

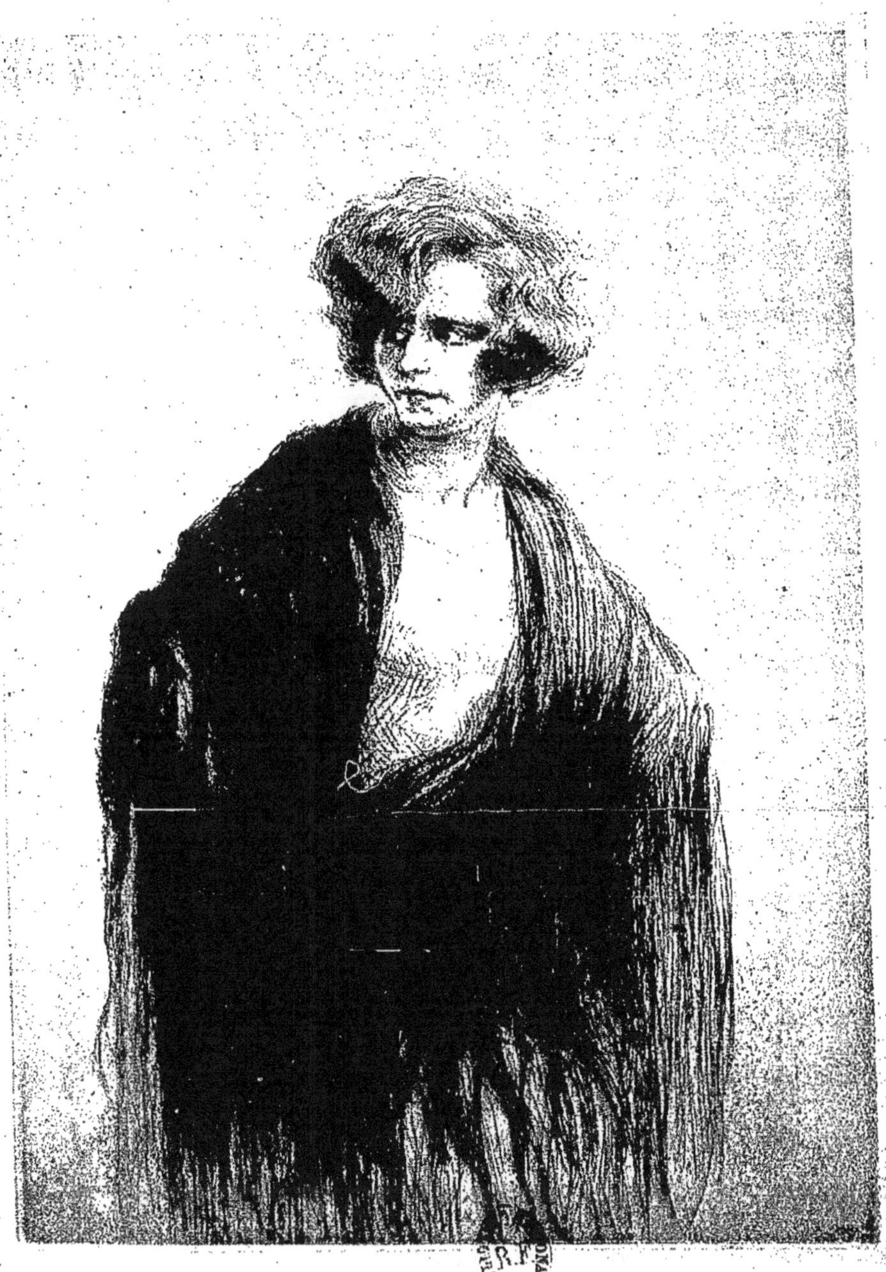

N° 7

Nina

SAN GIMIGNANO

43. Un Couvent en ruine.

44. La Collégiale.

45. La Route de Volterra.

46. Les Cyprès.

47. Colline Poggio.

48. Sacristie de Santa Fina.

49. La cour du Palais Communal.

50. Les Fileuses.

51. Le Lutrin de la Collégiale.

52. Une Rue.

SIENNE

53. La porte du Ghetto.

54. Ghetto, via degli Archi.

55. Ghetto, calle della Manna.

PISE

56. Arsenal maritime, XVIe siècle.

57. San Paolo a Ripa d'Arno.

58. San Niccolo.

ASSISE

59. Le Couvent de Saint-François.

60. Le Clocher de Saint-Pierre.

61. Porte Saint-Pierre.

62. Le Mendiant Ubaldo.

63. Jour de Marché ; Place Victor-Emmanuel.

64. La Cathédrale ; San Rufino.

VENISE

65. Pescaria santa Margherita.

66. Une Enfileuse de Perles.

67. Canal san Pietro.

68. Pina.

69. Rio cà Foscari.

70. La belle Venitienne au Jardin.

71. L'Eplucheur d'Artichauts ; Rialto.

72. Les Deux Sœurs.

73. Giudecca.

74. La Mendiante.

75. Nina.

76. Ghetto Vecchio.

77. Croquis.

DESSINS

78. Ponte della Piova.

79. La Piazza.

80. Ponte delle Guglie.

81. Fondamenta dei Grecci.

82. Santi Apostoli.

83. Palazzo Clari.

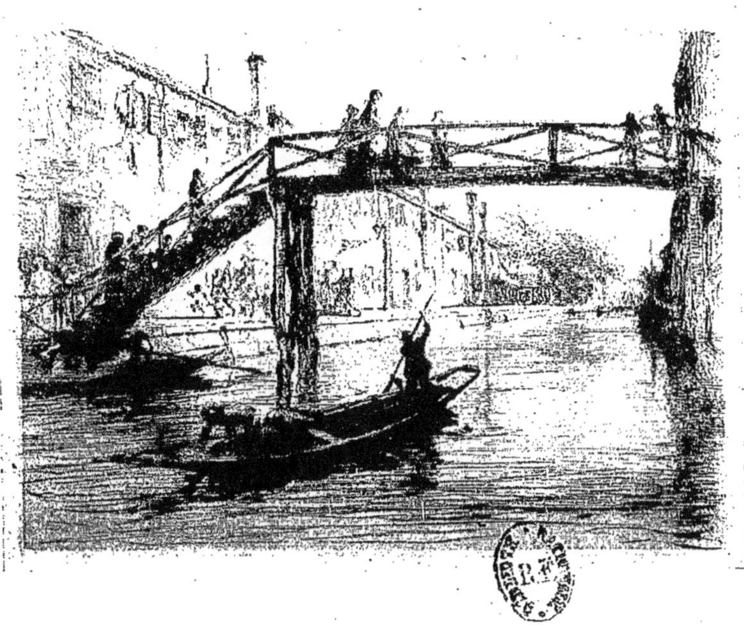

LE VÉSINET. — IMP. CH. BRANDE.

www.ingramcontent.com/pod-product-compliance
Lightning Source LLC
LaVergne TN
LVHW010254230826
846091LV00007B/2964
9782329198880